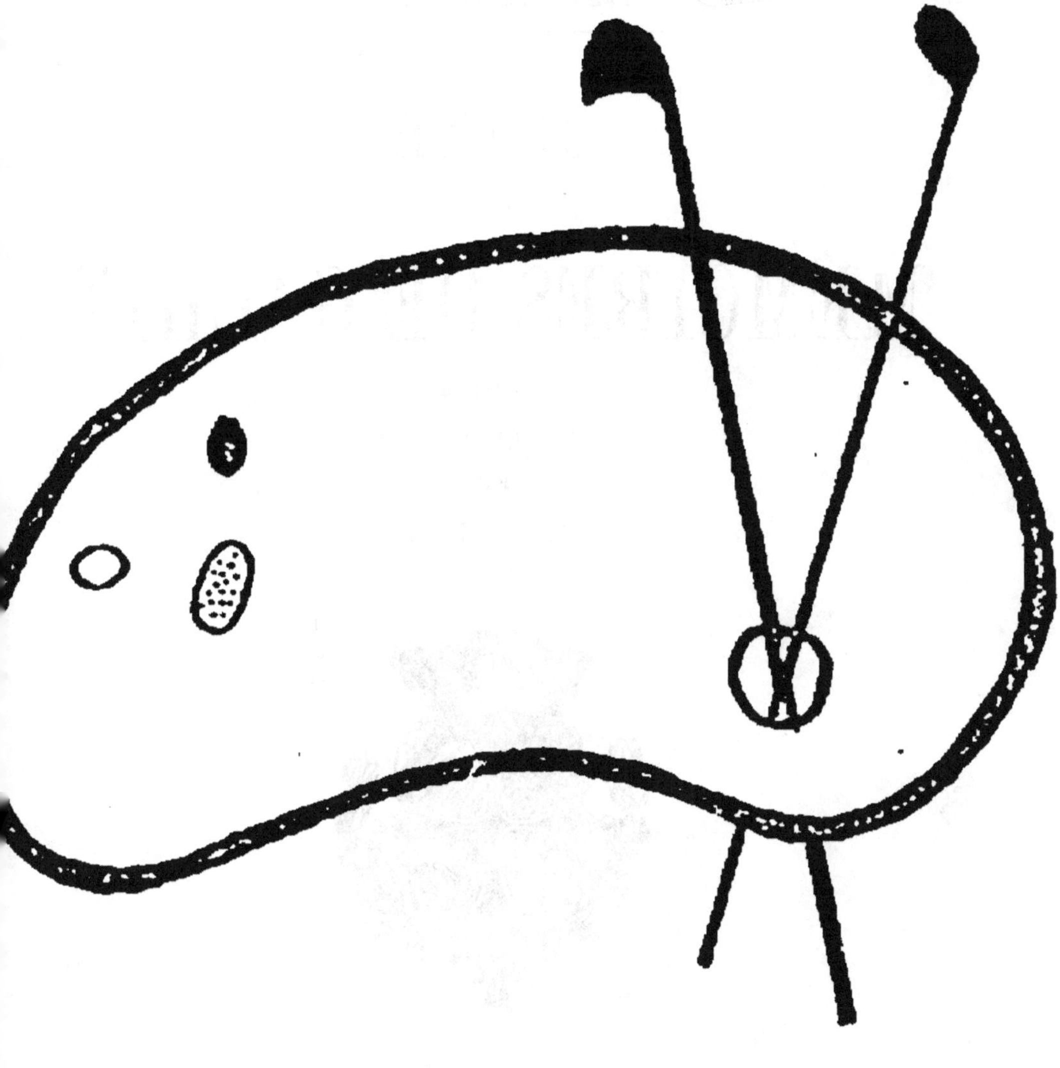

DEBUT D'UNE SERIE DE DOCUMENTS
EN COULEUR

ARCHIVES HISTORIQUES DE L'ALBIGEOIS

PUBLICATION PÉRIODIQUE DE LA SOCIÉTÉ DES SCIENCES, ARTS ET BELLES-LETTRES DU TARN

FASCICULE TROISIÈME

SUITE
DES
MÉMOIRES DE GACHES

1610-1620

PUBLIÉS POUR LA PREMIÈRE FOIS

PAR

CHARLES PRADEL

PARIS
ALPHONSE PICARD
82, RUE BONAPARTE

TOULOUSE
ÉDOUARD PRIVAT
45, RUE DES TOURNEURS

ALBI
IMPRIMERIE G.-M. NOUGUIÈS

MDCCCXCIV

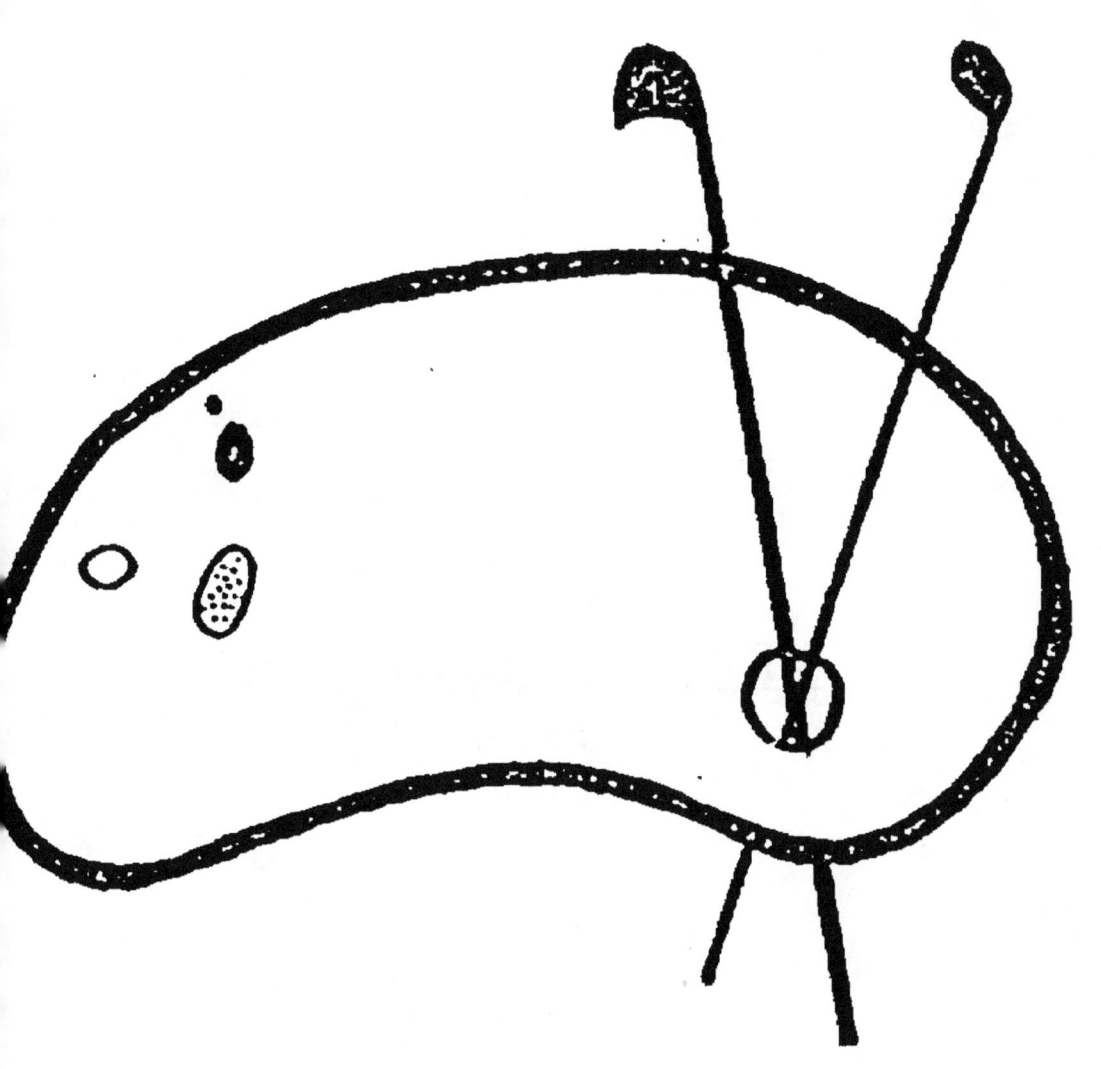

FIN D'UNE SERIE DE DOCUMENTS
EN COULEUR

SUITE
DES
MÉMOIRES DE GACHES
1610-1620

ARCHIVES HISTORIQUES DE L'ALBIGEOIS

PUBLICATION PÉRIODIQUE DE LA SOCIÉTÉ DES SCIENCES, ARTS ET BELLES-LETTRES DU TARN

FASCICULE TROISIÈME

SUITE

DES

MÉMOIRES DE GACHES

1610-1620

PUBLIÉS POUR LA PREMIÈRE FOIS

PAR

CHARLES PRADEL

PARIS
ALPHONSE PICARD
82, RUE BONAPARTE

TOULOUSE
ÉDOUARD PRIVAT
45, RUE DES TOURNEURS

ALBI
IMPRIMERIE G.-M. NOUGUIÈS

MDCCCXCIV

PRÉFACE

Parmi les nombreuses copies des *Mémoires de Gaches*, il en est quelques-unes, assez rares, qui portent, dans leurs derniers feuillets, la chronique suivante restée inédite jusqu'ici. Les archives du Tarn-et-Garonne possèdent un de ses manuscrits. C'est là que nous avons puisé notre texte.

Les dix années comprises dans ces additions ont été négligées par les historiens, en général. Ceux du pays Castrais n'en parlent pas. Ils n'ont pas connu cette *Suite des Mémoires de Gaches* dans laquelle on voudrait trouver plus encore qu'elle ne dit.

Cependant, tout incomplète qu'elle soit, elle a son importance, vu surtout l'absence de documents sur cette période dans les papiers de la ville de Castres.

On ne sait à qui attribuer cette continuation. Sa rédaction n'a aucun rapport avec celle de Gaches. L'ordre chronologique lui-même, seul rapprochement admissible entre les deux écrits, n'est pas toujours régulièrement conservé. D'ailleurs, les contemporains nous assurent que Jacques Gaches arrêta son histoire à la mort de Henri IV, comme de Thou a fait de la sienne.

D'autre part, notre inconnu, dans le courant de son récit, annonce son intention de retracer les malheureux évènements arrivés aux Réformés sous la direction du duc de Rohan. Aussi, a-t-on cru voir dans tout cet appendice artificiel la main de Jean de Bouffard-Madiane voulant relier ses propres Mémoires, encore inédits, à ceux de Gaches.

Madiane, en effet, raconte les guerres civiles de 1621 à 1629. Cependant, il a soin de reprendre les temps en 1610 dans une manière d'introduction qui ne ressemble guère à tout ceci. Il est donc certain que notre publication n'appartient ni à l'un ni à l'autre de ces deux historiens.

Aurions-nous ici un fragment des *Mémoires de Batailler* qui ont été d'abord plus étendus qu'on ne le suppose ? Nous ne le pensons pas. La forme qu'emploie Batailler n'est pas du tout celle de notre manuscrit. Puis, cette chronique a été composée tard, après l'année 1630. On le reconnaît à ses dires et à ses erreurs. Batailler était mort.

Au surplus, l'auteur de cette Suite paraît avoir tenu à nous cacher son nom. Il n'y a pas d'inconvénient, ce me semble, à lui accorder le privilège de l'anonymat.

Ch. Pradel.

SUITE DES MÉMOIRES DE J. GACHES

(1610-1620)

Après la mort de nostre Henry quatriesme, dict Le Grand, les affaires de France commencèrent à prendre autre visage, tellement que quelques grands, faisant leur proflct de la minorité de nostre Roy, Louis treitziesme, suscitèrent des troubles dans l'Estat soubs prétexte de Religion et prétendue infraction aux édicts ; et tout, pour faire leurs affaires et pescher en eau trouble, manger les quatre vingt et tant de mille escus que le feu Roy donnoit aux églises tous les ans pour l'entretien des ministres, académies et souslagement des églises ; d'où s'en suivirent plusieurs assemblées, entre autres celle de Milhau où furent députés, pour la province du Haut Languedoc et pour le Colloque d'Albigeois : Jean de Durand, baron de Sénégas, et Samuel de Bouffard, sieur de Lagarrigue ; et pour les pasteurs : M. Balaran. En laquelle assemblée présida M. le Président de Vignolles et pour adjoint, M. Balaran.

Sur la fin de l'année, Mons. le Connestable, après avoir faict ses adieux à la Cour, s'en vint en ce pays de Languedoc pour y finir ses jours (1).

1611   En l'année 1611, feurent esleus consuls : Noé de la Rose, Josué Puech, Guillaume Rauly et Izaac Albert.

---

(1) Cette courte introduction qui, seule, pourrait bien avoir été rédigée par J. de Bouffard-Madiane, ne se trouve que dans un manuscrit : celui de M. E. Daguilhon-Pujol.

1611 En l'assemblée provinciale mixte, de Milhau (1), feurent députés pour se trouver à l'assemblée générale de Saumur, mandée au 25 may suivant : M. de Villemade et de Barjac, M. Gardesy, pasteur, et M. de La Garrigue (2). L'assemblée de Saumur enfanta celle de Revel (3), laquelle fut convoquée par les conseillers de la province pour entendre la délégation des sieurs de Sénégas et de La Garrigue où se trouvèrent un grand nombre de nobles, entre autres le marquis de Senebrières, de Castelnau et baron de Lusignan (4) ; en laquelle se présenta M. des Vignolles pour y présider. Mais, rabroué par les trois ordres, et, luy, extrèmement fasché, quelques uns, pour pacifier tout, usèrent de cette chicane, à scavoir, de faire opiner par colloques ; où la pluralité des voix l'emporta, et fut dict que pour sauver son honneur, veu sa qualité, n'y seroit receu comme modérateur pour y présider, et ce, sans conséquence ; de quoy il se contenta. — En cette assemblée feurent députés pour aller en Cour et porter les cahiers des doléances des Eglizes de France, les présenter au Roy et, par son Conseil, y estre pourveu : Messieurs de Bayard, seigneur de Ferrières (5), et de Sancy, advocat de Pamiers, lesquels arrivués à la Cour, Sancy, qui avoit plus crié en cette assemblée que tous les autres députés, se laissa corrompre moyennant quatre cens écus qu'on luy mit dans la main, comme on a sceu depuis. Il demeura muet sans rien dire, comme estoit porté par ses Mémoires. Il y eut, un peu après, une autre assemblée à Saumur, le 25 de may ; députés pour le haut et bas Languedoc : les sieurs de Ferrières, de La Garrigue et de Barjac ; et pour la Guienne, le

---

(1) Le brevet du roi autorisant cette assemblée était datée du 10 octobre 1610; la première séance eut lieu le 11 avril suivant.

(2) Isaac de Bar, sgr de Villemade, député du colloque de Bas-Quercy ; — Denis de Barjac-Rochegude, député du colloque de Rouergue ; — Jean Gardesy, pasteur de Mauvezin, Armagnac, de 1601 à 1617 ; — Samuel de Bouffard, sgr de La Garrigue, député du colloque d'Albigeois.

(3) Au mois de novembre.

(4) Le marquis de Cénevières, gouverneur de Châtillon-sur-Indre, qui venait d'embrasser le protestantisme ; — Henri Nompar de Caumont, marquis de Castelnaut ; — François, baron de Lusignan.

(5) Voyez *Fragments de lettres de la Cour* ; Mém. de l'Acad. de Toulouse, 1883.

1611 sieur de Villemade et de Gardesy, ministre, pour entendre les responses par Sa Majesté, faites aux cahiers présentés par les députés ; où, entre autres, Sancy fut grièvement censuré de s'estre ainsy laissé corrompre, et ce, après avoir confessé sa faute.

En cette année, l'exercice du jeu d'arbaleste et d'arquebuse qu'on faisoit tous les ans en may, et discontinué par certaines considérations, fut remis par les consuls, à la réquisition de Samuel La Prade à qui le prix estoit demuré auparavant, et ce, par une ordonnance que les consuls obtindrent de M. de Ventadour, lieutenant du Roy en la province, en forme de règlement (1).

Au mois de may, audt an, M. le Prince de Condé fit son entrée en la ville de Tholose où feurent députés de la cour et chambre : M. le président de Montrabe, et, pour la ville, Monsieur le Juge de Castres, de La Rose, premier consul, et Jean Jouy, bourgeois, pour luy aller faire la révérence. Cette entrée fut magnifique, mais noircie par un différent entre le d. sieur Prince et la cour de Parlement pour ne luy avoir, la dite Cour, rendeu l'honneur qu'il prétendoit, à scavoir par rapports luy estre deubs comme premier prince de sang, et que l'on avoit déféré et pratiqué autrefois à l'endroit de François de Bourbon, duc d'Enghien, lequel la cour en corps receut et visita en robes rouges, luy qui n'estoit que filz d'un cadet et puisné de sa maison. A quoy fut respondu par M. le président de Paulo, au nom de toute la Cour, qu'on l'avoit fait pour trois ou quatre raisons : la première pour estre prince de sang, la seconde comme estant gouverneur de la province, la troisième pour avoir, de fraiche date, gaigné une grosse bataille à Cérizolles, en Piedmont, sur le marquis de Guast, lieutenant de l'empereur, nommé Alphonse Dabalois, espagnol (1) ; en quatriesme lieu par lordre du Roy François premier. Nonobstant tout, le dit seigneur prince, après y avoir séjourné quatre ou cinq jours, s'en alla mal content.

(1) Louis XIII accorda aux consuls de Castres un privilège spécial pour cet exercice, dit *Jeu de l'homme* parce qu'on visait un mannequin, au mois de juillet 1615 (Arch. de la famille de Lacger).

(1) Alphonse d'Avalos, marquis del Vasto, del Güast et de Pescaire.

1611 Au mois d'aoust, les consuls firent faire l'exercice aux escoliers du collège, et, par l'ordre du sieur Morus (1), principal régent, on fit représenter, sur un théatre dressé à cest effet par les dits sieurs consuls, la cruelle exécution et grand massacre des Romains, faite dans toute l'Asie, par le commandement de Mitridates, roy de Pont.

Sur la fin de l'année, arriva en cette ville M. de Commartin (2), conseiller du Roy en ses conseils d'Estat et privé, pour, avec M. le président de Vignolles, faire exécuter les édits de pacification.

Les dits sieurs appelèrent Messieurs le juge, consuls et autres gens de robe. Il y eut de grandes plaintes de ceux de la Religion et grande contestation pour la contrevention des édits faictes en plusieurs villes par les catholiques contre les Réformés ; mais ledit sieur de Commartin, ne trouvant son compte, se contenta de faire son verbal et se retira à la Cour pour faire entendre au Roy ce qu'il avoit fait pour son service.

1612 Au commencement de cette année 1612 feurent créés consuls : Jacques de Lespinasse, sieur de Lissac ; Jean Donnadieu, vieux ; Jean Gaubil, marchand-apothicaire et Germain Devic, marchand. En cette année il y eut une grande dispute, pour le gouvernement d'Aiguesmortes entre les sieurs de Bartichères et le sieur d'Arambures, gentilhommes basques, sur ce subjet : la ville d'Aiguesmortes prinse par le sieur de Grémian, en 1574 (3), ledit sieur de Grémian, après avoir teneu le gouvernement longues années, bailla ledit gouvernement de la ville et donjon au dit sieur de Bartichère, son gendre (4), lequel, longtemps après, en fut chassé par le sieur de Gondin. M. le Connestable de Montmorency vouloit Bartichère pour y commander et

---

(1) Père du célèbre Alexandre Morus que l'on fait naître le 25 septembre 1616 ; mais qui, cependant, avait été baptisé avant cette date, le 11 août précédent (Arch. du Tarn, B. 56).

(2) Louis Le Fèvre, sgr de Caumartin.

(3) Antoine Dupleix, sgr de Lecques et de Grémian, s'empara d'Aiguemortes le 1er janvier 1575 (*Mém. de Gaches*, p. 202).

(4) Abdias de Chaumont, sgr de Bertichère, avait épousé Madeleine Dupleix. — Voy. *La France protestante*, 2e édit., au sujet des noms précités.

1612 l'y remettre avec la garnison. Sur cette contestation, le Roy y envoye M. d'Arambure. Le dit sieur Connestable, sollicite, par l'assemblée tenue à Nismes, et brigue, par le ministre de Serres, de remettre Bartichère. Sur cela, on convoque une assemblée mixte à Monpellier où le dit sgr Connestable s'achemina en faveur de Bartichères lequel fut refusé tout à plat. Icelluy, faché de ce rebut, se courrouce contre les députés, les appelle fols et n'estre sy gens de bien comme leurs pères; mais l'assemblée, de peur de perdre Aiguesmortes, s'y va remettre dedans. Le Connestable, irrité contre Arambures, le fist constituer prisonnier et mener à Béziers. Enfin, par expédient, on trouva bon de bailler Aiguesmortes à M. de Chastillon moyennant vingt-cinq ou trente mil escus qui luy feurent comptés et deslivrés à Lyon; et par ce moyen, ledit sieur Connestable fut content et fist mettre en liberté Arambure.

En cette année 1612, au mois de juillet, arriva de la Cour M. le Connestable de Montmorency dans la province (1). Les villes capitales envoyent le saluer. La ville de Castres députe : M. de Lacger, juge; de Lyssac, premier consul; et Samuel de Bouffard, sieur de La Garrigue, pour luy aller rendre les debvoirs de la part de la ville.

Sur la plainte faicte à la Cour et Chambre par les consuls de Castres sur ce que les habitants de Boissezon-d'Aumontel, soubz prétexte de bastir et racommoder l'église de Saint-Jean en l'estat ancien, y avoient adjousté, pour servir de fort, un flanc tout auprès de la porte de la dite église, formant excuse que c'estoit une sacristie pour la commodité d'icelle, la Cour et Chambre, sur la plainte, députe M. de Juges et de Bosca, commissaires, conseillers, accompagnés de Jean Gaubil, troisiesme consul, de Jean Bertrand, architecte, et du capitaine Antoine d'Aix pour, tous ensemble, en faire la visite et s'il y avoit, au bastiment de ladite églize, rien adiousté pour y faire un fort et qui donnast jalousie et portat préjudice à la ville de Castres et au pays. La place ayant este bien recognue par ces Messieurs et la vraie figure en ayant esté faicte par Bertrand et baillée à M. de Juges, conseiller, et tout rapporté à la Cour et Chambre,

(1) Le duc de Montmorency arriva le 8 août à Montpellier.

1612 et ne s'estant pas, les dits sieurs députés, accordés du fait entr'eux, la dite Cour et Chambre trouva bon de renvoyer l'affaire au gouvernement de la province auquel en appartenoit la cognoissance. Les parties donc renvoyées, chacun nomme de sa part des députés pour soustenir sa cause. Ceux de Boissezon esleurent M. d'Auterive (1) et maître Jacques Bottes, chanoine de Castres, et pour la ville feust nommé, M. de Lyssac, premier consul en cette année, et Noé de la Rose, de la précédente.

Sur la fin de l'an, les Estats feurent tenus à la ville de Beaucaire où présida pour la dernière fois M. le Connestable, lequel, ayant appelé devant soy les députés de Castres et Boissezon avec la vraye figure du fort, l'ayant veue et considérée exactement tant par luy que par son Conseil, après avoir ouy toutes parties, il jugea ladite sacristie estre une innovation, et par conséquent préjudiciable, condamne ceux de Boissezon à la desmolir. Les consuls de Castres estant de retour avec l'ordonnance du dit sieur, vouloient procéder suivant icelle à la démolition ; mais, en considération d'Antoine de Cardailhac, comte de Bieule, l'affaire fut surcis jusques aujourd'huy.

Sur la fin de l'an, advint à Nismes une esmeute du peuple et habitans réformés contre Jérémie Ferrier, ministre, soubçonné d'estre pensionnaire. Sa maison fut pillée et un clos hors la ville, nommé Buisac, fut rasé par la populace, qui s'intituloit *les Militans* ou *Mutins*, sans que le magistrat y peut remédier. Ce ministre de Nismes estoit un des grandz prescheurs des Réformés qui fut dans le Languedoc. Il avoit esté estimé pauvre garçon, par le sieur de Serres, ministre et historiographe, et long temps en grand estime parmy les ministres ; mais, ayant esté député à l'assemblée de Jargeau, en l'année 1598 (2),

---

(1) Le baron d'Auterive s'appelait Louis Caire, dit d'Entraigues parce qu'il était le second fils d'Antoine Caire, sgr de La Bastide-d'Entraigues, en Vivarais, et de Jeanne d'Oraison.

(2) Jérémie Ferrier ne fit point partie du Synode de Jargeau qui, du reste, eut lieu en 1601 ; mais il fut modérateur adjoint de celui de Gap, 1603. — Sur Ferrier, voy. *Hist. de Lang.*, XI, p. 514 et note de M. Roman, édit. Privat. — Le secrétaire du roi, Jacques de Laeger, écrivait de Fontainebleau, le 22 octobre 1613 : « ..... la révolte de Ferrier nous a scandalisé si fort qu'il n'est possible de plus. Néantmoins, ceux qui le connoissoient bien ne s'en estonnent pas, parcequ'ils savent que toutes les religions sont indifférentes à un homme qui ne croit pas en Dieu... » (Arch de la famille de Laeger).

1612 il fut descouvert avoir rapporté au Conseil tout ce qui avoit esté fait de plus secret en la dite assemblée. Estant de retour à Nismes, il fut mésestimé par son faste et façon de faire à un homme de sa profession. Sa maison tapissée, ses habits de couleur de violet, son port, enfin ses discours profanes et téméraires, ses voyages ordinaires en cour, tout cela rapporté à Nismes le fist hayr, tant de ses collègues que du peuple du dit Nismes, tellement que luy qui autrefois avoit esté estimé un oracle parmy ceux de la Religion, fut enfin, par ses vices, autant hay de tout le party comme il avoit esté aimé. Et ayant esté chassé de Nismes, il s'en alla à Paris (1) où il changea de religion. — Après avoir essayé par tous moyens d'estre conseiller au Présidial du dit Nismes, se voyant rebuté, il se retira avec sa femme et famille en France où il luy fut donné, pour s'entretenir, la somme de six mil ecus de laquelle il bastit, à Paris, une maison pour sa demeure.

En septembre, mourut le sieur Antoine de Thomas, bourgeois de Castres, laissant trois enfants, dont une fille (2), l'aisné desquels est aujourd'hui maître des comptes à Montpellier. C'estoit un personnage doué de bon sens et jugement, lequel ne se soucioit nullement des charges publiques. Il laissa de grands biens à ses enfans ; entre autres, il achepta, sur la vente du domaine du Roy, la seigneurie de Roquecourbe et les météries qui en dépendoient, tellement qu'il estoit estimé le premier bourgeois du diocèse, et la meilleure bourse.

Après que M. de Montrabe, président à la Chambre, eut fait le contenu de sa délégation envers M. le Prince de Condé, estant

---

(1) La Rose, ancien consul de Castres, écrit au sujet du départ de Ferrier, de Montpellier, le 5 novembre 1612 : « ..... Estant arrivé samedi à Nismes, je « rencontrai M. Ferrier avec sa femme et tout son ménage qui sortoit de la « ville en carrosse, accompagné d'un seul homme à cheval ; mais il y avoit « un si grand nombre de petits enfants qui le poursuivoient avec maudissons « et exécrations, que toute la rue en estoit couverte. Il s'en va en cour... « tous ceux de Nismes, tant d'une que d'autre religion, sont fort aise de son « desport... » (Arch. de Laeger).

(2) 1º Antoine, sgr de Roquecourbe ; 2º Jean, sgr de Labarthe ; 3º Jeanne, épouse Paul de Juge, conseiller à la Chambre mi-partie. — Il ne faut pas confondre les Thomas, de Castres, avec Antoine de Thomas, baron de Montluc, gouverneur du Quercy par lettres patentes du 2 juin 1611 (Arch. de la Haute-Garonne, fonds du Parlem., B. 310).

1612 devenu malade à Tholose, dans sa maison, à cause de la grande chaleur qu'il avoit soufferte, il mourut environ la fin du mois de may, fort regretté de toute la Cour de Parlement et de la Chambre de Castres (1).

1613 Cette année feurent créés consuls M. Josias Don-Fréjeville, docteur en médecine; Antoine Lavesque, bourgeois; Sydrac Raynaud, et Guillaume Albert.

En cette année et le 10ᵐᵉ de juin, fist son entrée à Castres Henry de Montmorency, admiral de France et gouverneur de la province (2). Les consuls advertis un peu auparavant du dessein du dit sieur admiral mandèrent le Conseil du diocèze à Castres lequel assemblé avec les villes maistresses deslibérèrent sur tout ce qu'on debvoit faire : primo, d'emprunter quatre ou cinq mil écus pour subvenir aux frais qu'il convenoit faire pour cette ditte entrée ; d'envoyer à toute la noblesse de se trouver le dit jour à Castres pour aller au devant du dit seigneur ; dresser trois compagnies de gens de pied, soubz trois capitaines de la ville, pour faire un bataillon, chaque compagnie de cinq ou six cents hommes qui seroient ramassés tant de la ville que des circonvoisins, les plus lestes qu'on pourroit choisir, bien habillés et armés et au gré des capitaines : le sieur de La Gascarié, de Lyssac, Lespinasse et Jacob Raymond.

En second lieu, que Messieurs les consuls prendroient la charge de faire travailler toute sorte d'ouvriers, tant pour faire le poële, arcs de triomphe, que pour fabriquer et peindre le théâtre en couleur de mer, y faire représenter des navires, galères et barques, et toute sorte de marques d'admirauté, bailler poudre et mèche aux soldatz, fournir pour faire les tableaux et armoiries du Roy, dudit sieur et de la ville ; faire apporter tous matériaux

(1) Philippe Bertier, sgr de Montrabe, mourut le 6 oc'obre 1611, d'après les *Annales mss de Toulouse* qui le proclament « fils aîné des Muses ». Lafaille se contente de dire : « C'était l'un des hommes les plus savants de son siècle » (*Nobl. des Capitouls*). On ne sait pourquoi tous les biographes placent sa mort en l'année 1618. Son fils Jean lui succéda et fut reçu le 28 novembre suivant, à l'âge de trente-sept ans (Bibl. de la ville de Toulouse, msc 697).

(2) L'auteur de cette chronique confond ici le jour de la délibération dont il va parler avec celui de l'entrée à Castres de notre amiral de dix-huit ans.

613 propres pour garnir les dits portals : comme buis, barres, chevrons et ficelles pour lier et joindre les colonnes et pillers, les ays pour mettre de travers sur les portals peints de jaune pour faire des inscriptions en vers latins, italiens et françois à la louange du Roy, de M. le Connestable et dudit sieur, soubz leurs armoiries, avec une chambre et chapelle de musique joignant ledit théâtre pour y loger les musiciens ; mettre le canon et l'artillerie en estat de placer sur les bastions et autres lieux commodes avec la poudre nécessaire et les personnes commises à cela. Bref, on n'oublia rien de tout ce dequoy on se peut adviser pour rendre cette entrée illustre. En troisième et dernier, qu'on bailleroit à Messieurs les consuls pour leur ayder et conteroller tous les fraix, les consuls de Lautrec, et les sieurs Jean Bissol et Jean Jouy, bourgeois de la ville.

Le mercredy donc, 19me juin, M. l'admiral partist de Carcassonne, s'en vint à Viviers, loge, pour se rasfraichir, à la maison du sieur Jacques Bottes, chanoine, à une des chambres que depuis on appelle de l'admiral, part de là à trois heures et s'en vint à Saix passer la barque. Icelluy passé, il trouva une grosse troupe de la ville pour le recepvoir deça la rivière. Après les salutations : Jean de Brail, de Lalagade, un desquels, fist son harangue pour la noblesse ; M. le Juge, pour la justice et Messieurs les consuls, et pour tous, Fréjeville, premier, pour les dits consuls, pour la ville et le conseil. Cela fait, tous filent le grand chemin jusques à la croix de la Chartreuse où les capitaines des trois compagnies vindrent saluer les sieurs, auquel chacun d'eux, ayant fait son harangue à part et congédiés, s'en revient vers son bataillon dressé.

Le dit Sgr, s'approchant de la ville, est descouvert par la grosse cloche. Toute l'artillerie joua pour le saluer, et arrivé au bataillon, de rechef l'artillerie joua et tous les mousquetaires firent leur salve avec un bel ordre et grand tintamarre. Comme il tournoit à l'entour, quelques cavaliers qui avoient fait partie se joignent pour faire une charge au bataillon et percer jusques aux drapeaux pour les enlever.

Mais trouvant tout sy bien ordonné et serré par l'ordre des chefs, ils n'osèrent enfoncer de crainte des piquiers. Le dit Sgr, après avoir tournoyé le bataillon et receu les offres des capi-

1613 taines et soldats, print le chemin de la porte de l'Albinque feut de rechef salué par le canon ; et, arrivué à la palissade, il trouva à sa gauche une chambre ou tente de verdure de laquelle sortist et se présenta audit sgr un jeune homme garçon, nommé Antoine de Rotolp, auiourd'huy sieur de La Devèze (1), habillé et armé en paladin, lequel avec hardiesse et bonne grâce luy fist une harangue en vers françois, laquelle il prononça avec un geste convenable au subjet, qui fut admiré du dit sgr et des assistans. Puis, entré dans la palissade après estre arrivé soubz l'arc de triomphe, haut eslevé, joignant la porte, il trouva les quatre consuls avec leurs robes rouges et manteaux, avec le scyndic et bon nombre de bourgeois qui, après les harangues, luy présentèrent le pavillon de satin rouge, porté par les dits consuls, soubz lequel il refusa d'entrer. Après le refus, les consuls passent devant et, faisant sonner les hautbois, prennent le long de la grande rue, passent soubz l'arc de triomphe posé à l'entrée d'icelle devant la porte des Cordeliers ; puis, passant soubz l'autre arc de triomphe posé à l'entrée de la rue, regardant vers la maison de ville, ils vindrent jusques au théâtre, imparfait pour n'avoir eu loisir de le peindre, d'où sortist, par un trou, un jeune garçon, nommé François Négrier, habillé en triton ou Dieu marin, la teste couronnée de joncs, lequel chanta un hymne en vers françois fait à la louange du dit sgr. Lequel achevé de chanter, les musiciens qui estoient dans la galerie chantèrent à plusieurs parties et avec grand mélodie des hymnes et avis à sa louange. Cela fait et escouté avec attention et plaisir, tout fila plus avant vers la place, après avoir passé soubz deux arcs, parvint au temple St Benoist où le dit sgr estant attendu à la porte par les chanoines, le *Te Deum* chanté, va droit au logis du sieur Thomas, à l'entrée duquel estoit attaché un grand et haut portal relevé, au sommet duquel estoient fichés les armoiries du Roy et plus bas celles de M. le Connestable et du dit sgr admiral, et au-dessus celles de la ville. Sous ce portal il y avoit un grand et long tableau qui traversoit tout

(1) Antoine de Rotolp était le second fils des dix enfants d'Abel, juge d'Appeaux à Castres, et d'Isabeau de Terson. Il devint sgr de La Devèze par la mort de son frère aîné, Jean, tué pendant les guerres du duc de Rohan, à Montpellier, le 9 juin 1622. Par conséquent, ce récit est postérieur à cette date.

1613 où il y avoit une inscription en vers latins, italiens et français à la louange du Roy, Connestable, du dit sgr et de la ville, dressés par le dit sieur Morus (1), le Père Alexandre Domayrou, gardien des Cordeliers (2), et Jacques Fournes. Après avoir passé jusques à la bassecourt et les consuls l'avoir receu et salué, ils laissèrent le pavillon à la discrétion des pages et montèrent les degreds, jusques dans la salle où accompaigné des seigneurs : marquis de Mirepoix, comte de Bieule et grand nombre de noblesse, il fut derechef visité et salué de tous les ordres, la Cour et Chambre assemblée, députés : M. le Président de Vignolles, trois ou quatre conseillers et le dit général. Cela fait, chacun se retira pour luy donner temps de se raffraichir. Il faut noter que pendant que le dit sgr entrait par l'Albinque, les compagnies entrèrent par la porte neuve et toutes feurent, par les capitaines, placées en haye deça et delà le long de la grand rue et autres où le dit sgr devoit passer, jusques en son logis.

Jeudy, 20me juin, le dit Sr admiral s'en alla au palais à l'heure de l'audience où il fut receu, à l'entrée, et amené par ladite cour en corps au siège du Roy où, par l'espace d'une heure qu'il y demeura, on récita quelques qualités. Après disner, le jour fut employé à courir bagues données par certaines dames ou damoiselles. La carrière qui souloit (3) estre aux cordeliers, fut changée et accommodée aux Ormeaux par l'ordre des deux frères, le sieur de Landes et de La Gascarié, priés par les consuls de les faire accommoder, ce qu'ils firent là à cause des ombrages et des grandes chaleurs.

Le vendredy, 21me, les capitaines firent faire l'exercice à leurs compagnies à la place des Ormeaux, les rangent par escadrons,

---

(1) Alexandre Morus, principal du Collège de Castres, avait justement alors un démêlé sérieux avec les consuls au sujet de certains de ses élèves qui n'avaient pas été convenables avec le précepteur des enfants du trésorier Poncet. Morus soutint ses écoliers et répondit même devant eux aux menaces de l'un des consuls : « *Fulmina tua sunt bruta* ». Il fut cassé de son principalat, le 8 mai, mais continua ses fonctions et vit bientôt sa destitution annulée le 28 juin : les services rendus par lui pendant le séjour de Montmorency à Castres, ne furent pas étrangers à sa réintégration.

(2) Le P. Doumayron a laissé manuscrit un *Discours de la fondation du couvent de Saint-François de Castres, etc...*, publié par M. Clavel, à Castres, sans date, mais en 1882, pet. in-8º de 18 pages.

(3) C'est-à-dire, avait coutume.

1613 les font battre les uns contre les autres par plusieurs reprises, donnent plusieurs attaques à un bataillon carré dressé à part avec ses pelotons ; où se dépensa grand quantité de poudre. Le dit sgr ayant fait son dessein de partir, rendist ses visites aux Messieurs de la Cour, président et conseillers ; et, le sapmedy 22ᵐᵒ, de bon matin, à l'aube, il partist sy secrètement qu'à peine les consuls eurent moyen de prendre congé de Sa Grandeur et luy dire à Dieu, à la porte de l'Albinque, tant son départ fut soudain et secret (1).

Il print le chemin de Réalmont où arrivant, il trouva la ville en grand trouble à cauze d'un meurtre fait du capitaine Nègre tué d'un coup de pertuisane par le capitaine Massabiou, sur la dispute entr'eux deux qui mèneroit la compagnie de la ville pour aller au-devant de l'admiral. Dequoy il ne voulut point qu'on informast, veu que cela estoit arrivé à son occasion. Aussy tost avoir disné, il s'en alla à Alby.

Sur la fin de l'année, un grand feu fut mis dans l'église de Saint Estienne de Tholose qui embrasa tout le chœur de ladite églize, avec le cyboire et hosties qui estoient dedans.

1614 L'année 1614 feurent esleus consuls : David de Lespinasse, Abel Defos, marchand apothicaire ; Daniel Pelissier, et Nicolas Deveille.

Environ le 14ᵉ d'avril, mourut Henry de Montmorency, connestable de France, à La Grange des Prets, son lieu de plaisance, aagé de huitante quatre ans (2). Il fut embaumé par les

(1) Un extrait des registres consulaires de la ville de Castres nous renseigne aussi sur le voyage du jeune « amiral de France, Guienne et Bretagne », Henri II, dernier duc de Montmorency : « ..... Le mercredy, 19ᵐᵒ du mois
« de juin, environ les trois heures après midy, le d. seigneur admiral auroit
« fait son arrivée et entrée dans la d. ville de Castres par la porte de l'Albin-
« que, estant devant luy le pavillon tafetas armoisin incarné, avec frange
« verte, porté par les sieurs quatre consuls à pied, vestus de leurs robes
« rouges, suivi, à son costé, de Messieurs les juge, officiers de la justice et
« autres des plus principaux et apparents bourgeois de la d. ville. Il fust loger
« dans la maison des hoirs à feu M. Thomas, sgr de Roquecourbe, et demeura
« dans la d. ville jusques au samedy matin, 22ᵐᵒ jour du d. mois de juin, que
« Sa Grandeur s'en alla en la ville d'Alby ». — V. aussi une *Relation du séjour de l'amiral, etc......,* dans la *Revue du Tarn*, II, 299.

(2) Henri Iᵉʳ de Montmorency mourut le 4 avril, âgé de près de quatre vingts ans.

1614 médecins ; son cœur fut porté en France et son corps fut inhumé à l'églize des capucins, appelée Nostre-Dame del Grau, fondée par luy avec le couvent. Il naquist environ l'an 1532, fut fait maréchal de France à la place de Charles de Cossé, seigneur de Brissac, et gouverneur de la province de Languedoc duquel gouvernement il vint prendre possession en l'année 1563, auquel il se maintint environ 50 ans.

Trois jours avant son décès, il fist venir son filz unique, Henry de Montmorency, auparavant receu gouverneur de la dite province, et, entre autres belles remontrances, luy en fist trois remarquables : Soyez, dit-il, homme de bien et vivez en la crainte de Dieu ; servez bien et fidèlement le Roy, et rendez la justice esgalement à toute sorte de personnes, sans faire distinction de religion.

En cette année, au mois de may, fut fait un combat ou duel, au lieu de Paleville, entre les Srs la Marquisié, Brassac et Montcalm, d'une part, contre Portal, Las Touseilles et Deyme-Gauiac, où trois demeurèrent morts sur la place, et Portal se sauva (1).

Au dit mois de may, fut donné l'arrest au conseil du Roy contre ceux de Béarn, qui a esté depuis la cauze de nos malheurs qu'on verra cy-après.

Le jour de la Pentecoste, au dit an, le sgr de Saint-Germier s'en estant allé faire la dîme, à Roquecourbe, fut assiégé la nuit par le Sr de Suc, conseiller en la Chambre, accompagné de ses amis ; mais il se sauva la nuit, avant le jour, favorisé par les consuls et habitants.

En cette année les Estats Généraux de ce royaume feurent mandés par le Roy à la ville de Paris, où de cette sénéchaussée de Carcassonne, furent députés : Philippe de Roux, juge mage de la dite ville, et David de Lespinasse, premier consul

---

(1) Pierre de Sobiran, sgr de *Brassac*, cousin-germain, par alliance, de Germain d'Avessens, sgr de *Montcal*, qui fut tué dans ce duel. La veuve de Montcal, Léa de Sobiran, convola en secondes noces avec Guillaume de Rozet, sgr du Causse d'Espérausse, en 1619. Jacques *Portal*, l'auteur de la mort de Montcal, joua un rôle à Revel pendant les guerres du duc de Rohan. — *Las Touseilles* appartenait aux Durand ou aux Bosc de Vaure. — Isaac de Durfort, sgr de *Deyme et de Caujac*, au diocèse de Rieux, était fils de Roger et de Catherine Hunaud de Lanta.

1614 de Castres, nommé par les Petits Estatz cy devant tenus.

Environ l'automne, le feu se mit, par mesgarde, à une des boutiques joignant la place de Montauban et consuma grand quantité de maisons, meubles, marchandises ; tellement que, pour l'esteindre, il fallut prendre le canon de l'arsenal et tirer contre les piliers des maisons de la dite place pour les faire tomber, et, par ce moyen, estouffer le feu.

Au mois de juillet, au dit an, jusques en décembre, fut dans cette ville une maladie, appelée le *tuslet* parce qu'elle donnoit à la teste de ceux qui en estoient frappés, qui en coucha plusieurs au tombeau. Laquelle fut inconnue, du commencement, par les médecins ne sachant trouver le remède. Entre autres personnes de qualité, moururent : Jean Bissol, Jean Jouy, bourgeois, et maître Jacques Ducros advocat ; et sur la fin de l'an (1), mourut Albel de Rotolp, adjoint en la dite chambre.

1615 Cette année feurent créés consuls : MM. Guillaume Espérandieu, advocat ; Pierre Rauly, fils de Guillaume ; Jean Robert, et Valentin Séguier.

Environ le second d'apvril (2), au dit an, le chevalier de Montmorency (3), qui avait querelle avec le sgr de Saint Amans, partit de Peyriac avec troupes pour aller pétarder sa maison. Ce qui donna l'alarme à tout le pays. Saint Amans adverty, fait fermer les portes et envoye chercher des soldatz à Mazamet, conduits par M. de La Nogarède. Le fils du capitaine Marty tué par Saint Amans s'estant joint avec le chevalier de Montmorency, s'en alla, à l'aube du jour, attacher le pétard à une des portes, en enfonça une où il entra avec quelques-uns ; mais, attaqué par les paysans et quelques soldatz à coups de picque, il fut tué. La mort duquel donna telle espouvante au reste que

---

(1) Le 14 décembre. — Bissol était mort le 22 août (V. *France Protestante*, nouv. éd.).

(2) Le lendemain de Pâques 1616, d'après un *Extrait des Registres des délibérations des Conseils de la maison consulaire de la ville de Castres*, msc. du temps ; les originaux n'existent pas aux archives de Castres. — Notre chroniqueur avance donc d'une année.

(3) Peut-être François de Montmorency, dit le jeune, chevalier de l'ordre du Roi, dont l'un des aïeux avait pris une devise que les chercheurs d'aujourd'hui approuvent fort : *Trop sommes de Montmorency*.

1615 tous s'en enfuirent avec grand désordre laissant par le chemin qui alloit à la montagne (après avoir passé la rivière de Thoré), chevaux, armes, manteaux, cuirasses et hardes. Le matin venu la nouvelle en vint à Castres. L'alarme fut grande et tout s'arme pour aller au secours (1). La Cour et Chambre députe les sieurs de Bertrand et de Juges, conseillers, avec la troupe, et, arrivés sur le lieu, trouvèrent grand nombre de gens de guerre qui estoient accourus de toutes parts au secours. Les dits sieurs, après avoir vériffié comme tout s'estoit passé, par quelques laquais prisonniers, dressèrent leurs verbaux et s'en revindrent en cette ville pour en faire le rapport à la Cour. Cela fait, chacun se retira chez soy et en leurs villes.

En cette année fut tenu une assemblée à Montauban (2) à laquelle un grand nombre de noblesse de Guienne, Languedoc, haut et bas, Poitou et Sainctonge se trouvèrent avec les députés des dites provinces, lesquels, poussés par les Grands du royaume, tant de l'une que de l'autre religion, vouloient mettre la guerre en France. Le Roy adverty y envoye le sieur Denié, son Maître des requestes, pour apaiser ces eschauffés; mais pour néant et en vain. Les députés ne pouvant rien gaigner et porter les Eglises à la guerre, firent transmuer la dite assemblée à Grenoble pour y faire mi··· leurs affaires, et, n'y trouvant leur compte, la changèrent à Nismes où feurent députés pour la ville de Castres et colloque d'Albigeois : maître Pierre de Laeger, juge, et pour l'églize, M. Benoist Balaran, ministre, lesquels, pour ne vouloir conclure à la guerre, furent mal traités à la dite assemblée et menassés du pistolet (3). La Chambre,

---

(1) Le duc de Montmorency, gouverneur de Languedoc, s'émut de cette levée de boucliers et manda venir quelques-uns des principaux habitants de Castres « pour luy donner raison des désordres et mouvements arrivés par « deçà à cause de l'excès survenu à Saint-Amans... ». Ils avouèrent qu' « on « avoit esté contraint de recourir aux armes pour assister les habitans du dit « Saint-Amans, le debvoir nous y obligeant... » (*Extrait des Délibérations...* Conseils des 15 et 22 avril 1616).

(2) Le 25 octobre.

(3) Notre juge n'attendit pas la fin des séances, d'après l'extrait suivant des *Actes de l'Assemblée générale des Eglises réformées de France tenue à Nîmes* : « La compagnie a donné congé au sieur de Laeger d'aller à sa mai- « son, après qu'il a représenté que sa femme était extrêmement malade et

1615 pour en empêcher la tenue, y envoya le consul d'Espérandieu, mais en vain. La dite assemblée de Nismes, voyant qu'elle avoit à partie la Chambre de Castres, laquelle par ses arrestz arrestoit leur délibération, députa, du corps d'icelle, Henry de Bourbon, marquis de Malause, avec le sieur Chauffepied, ministre, pour faire jurer l'union des Eglizes aux conseillers de la Religion de la dite Chambre, et aux habitants réformés de la ville de Castres, lesquels arrivés, prièrent les magistrats et consuls de faire assembler les habitants dans le temple pour faire entendre à tous leur délégation de la part de la dite assemblée. Surquoy ayant esté prins advis, fut trouvé bon de s'assembler dans la maison de ville en très grande assemblée où tous les habitans se trouvèrent ; et, après avoir entendu des dits députés ce qui estoit de leur charge et les remontrances particulières du ministre susdit, tous, d'un commun accord, jurèrent l'union des Eglizes de France soubz l'authorité du Roy et bénéfice de ses Edits. A quoy la Chambre s'opposant, députe le sieur Espérandieu, consul, vers l'assemblée pour luy faire entendre les raisons de leur opposition.

L'arrivée du marquis de Malause à Castres attira grand nombre de noblesse pour l'accompagner, laquelle désiroit à quelque prix que ce fut la guerre et la crioit tout haut, pensant y trouver le compte, bravoit la Cour et gens de bien qui parloient de paix. Entr'autres, Marquis de Rabasteins, vicomte de Paulin ; Jacques de Chasteauverdun, sgr de la Jaulanié ; Jean de Durand, baron de Sénégas, et autres poussoient à la roue pour mettre tout en trouble, se mettant en grands frais pour dresser des compagnies de cheval et régimens de gens de pied ; mais enfin, par le moyen de la Cour, tous leurs desseins s'en allèrent en fumée (1).

« qu'il a promis de retourner le plus tost qu'il pourra. Ce qui est remis à sa
« conscience. Blet, président. Durand, adjoint. Boysseul, secrétaire, Manialcl,
« secrétaire » (Arch. de la famille de Lacger).

(1) La ville de Castres ne cesse d'armer et de prendre des mesures de défense, depuis le mois d'août jusqu'à la fin de l'année 1615. Ces armements avaient lieu dans toute la province : « villes, villages et chasteaux... » (Conseil du 12 octobre). — Cependant, Castres promet de « se maintenir en paix « et union soubs l'obéissance du Roy »; mais à condition : « tant que la Cham« bre de l'Edict demeurera en ceste ville » (Conseil du 13 octobre). — C'est

1615 Au mois d'aoust, audit an, M. le Président de Vignolles et M. le lieutenant du Roy partirent de Castres pour aller trouver le Roy à Bourdeaux, afin de luy féliciter son arrivée et son mariage avec la fille du Roy d'Espaigne.

Au mois de décembre audit an, arrivua en cette ville M. de La Trimoulhe, venant du bas Languedoc de visiter M. de Montmorency, auquel fut fait grand honneur par les magistrats et consuls. Il fut logé à la maison du sieur Espérandieu, premier consul, absent, estant allé en cour (1).

La paix de Loudun coupa chemin aux troubles ; nonobstant ce, nostre noblesse ne pouvant faire la guerre en gros, la fait en destail. Le vicomte de Panat se saisit de Lombers (2), fait venir des compagnies de gens de pied pour y faire garnison, donne des commissions aux capitaines Monségou, Linas, Rieufrech (3) et autres, fait la guerre à l'evesque d'Alby, rempare le lieu de Fauch, y loge le capitaine Rieufrech avec sa compagnie. Les villes et noblesse des catholiques ne bougent point. M. d'Ambres et le comte d'Aubijou ne sonnent mot ; ains en sont aises. L'evesque, pour se défendre, appelle tous ses amis pour l'assister. Avec leurs secours, ils assiègent Fauch. Rieufrech, voulant monter avec une échelle sur l'églize pour la fortifier,

---

dans la délibération du 7 septembre que « ..... les sieurs du Causse, de Mar-
« gueritles, de Sénégats et autres de la noblesse, présens et assistans, sont
« remerciés par le Conseil des offres verbales qu'ils ont faictes de recouvrer
« hommes de guerre pour les faire venir en ceste ville...., comme aussi est
« remercié le sieur de La Nougarède...... » (*Extraits*.....).

(1) C'est le lundi soir, 29 mars, que le jeune Henri de la Trémoille, pair de France, duc de Thouars, prince de Talmon, etc..., âgé de seize ans, arriva à Castres. Le lendemain, les consuls lui présentèrent les clefs de la ville, prirent de lui le mot d'ordre, faveur accordée aux pairs de France seulement, lui remirent deux grandes boîtes dragées et six torches cire — : « Le dit sieur
« de La Trimoullie, logé chez M. d'Espérandieu, premier consul, s'en alla de
« ceste ville le judy après disner, second jour d'avril 1615 » — Quant à Espérandieu, parti pour la cour le 26 janvier, il arriva à Paris le 15 février et rapporta, le 25 mai, des Lettres patentes de Louis XIII, datées du 13 avril, maintenant à Castres la Chambre de l'Edit dont le Parlement de Toulouse et le clergé poursuivaient déjà la suppression.

(2) Le 17 mars 1616 seulement (*Extraits*.....).

(3) N. de Huc, sgr. de Montségou ; — Jean de Goudon, sgr. de Linas, qui illustra bientôt son nom par la belle défense de Saint-Sever, en 1628 (Mercure François, p. 98 etc.); — N. de Fontés, sgr. de Rieufrech.

1615 est tué d'une arquebusade. Le capitaine Fontés, son lieutenant, tué entr'autres. Des assaillans, du costé de l'Evesque, le capitaine Portal (1), fort regretté d'icelluy, la place, pressée de près, se rend enfin par composition.

1616 Cette année feurent esleus consuls : Samuel de Bouffard, sr de la Garrigue, M. Jean d'Ardène, procureur en la Chambre ; Joseph Grasset, et Zacarie Trinquelagues. Au mois de janvier passèrent à Castres les députés de l'assemblée se retirant à leur maison, entr'autres Hautefontaine.

Environ le mois de février, M. le comte de Candale arrivé à Alès, où ayant fait abjuration de la Religion romaine, vient passer à Castres où, arrivué de nuit, il fut logé chez le sieur Jean Oulès, bourgeois. Deslogé avant le jour, accompagné du viscomte de Paulin, il va passer le Tarn à Saint-Juéry (2).

Vendredy vingt-cinquiesme de mars, Jacques de Tholose et de Lautrec partist de bon matin de sa maison de St Germier, va passer à Réalmont, et, sur le soir, s'en va vers Lafenasse, accompagné de sept ou huit chevaux, où il rencontra le Sr de Panat avec une compagnie de gens de cheval. Panat le voyant venir dit à ses gens ne dites rien à St Germier s'il ne commence. Tous deux s'escartent de leur troupe pour parler, et, sur le point du despart, La Baume, l'ayné, son nepveu, apercevant Le Reclot (3), crie à Saint-Germier : Voicy le Reclot, vostre ennemy !

---

(1) Il s'agit d'Arnauld Portal, de Dénat, qui avait porté les armes pendant trente ans et était couvert de blessures. Il laissait cinq enfants de sa femme, Jeanne de Cassang (Arch. dép du Tarn, C. 899).

(2) Henri de Nogaret, comte de Candale, fils aîné du fameux duc d'Epernon, arriva à Castres le 19 février. Les consuls lui « firent présent de confitures, » hippocras, dragées et torches, fournis par Defos, apothicaire, montant à » la somme de 80 liures... »

(3) *Le Réclot* s'appelait Isaac Vareilles. Il était fils de François, sieur de La Roque, habitant Laylayé, et de Jacquette de Monlaur. Il avait épousé Jeanne de Nupces, fille de Sébastien, sieur du Castelet, et de Marie de Nautonier, contrat passé dans le château de Castelfranc, par Rodière, not. de Labessonié, le 6 février 1600 (Vieilles minutes de mre André). — *La Baume* doit être Jacques de la Bauve qui était, en effet, neveu de St-Germier par sa mère Catherine de Toulouse-Lautrec (Gén. de la fam. de La Bauve, par Courtaux, Paris, 1892). A Castres, anciennement, on confondait les La Bauve avec les La Baume, même dans l'état-civil Les Jugements de

1616 Il en mourra, dit-il ; je le luy ai promis. — Non sera, dit Panat, tant qu'il sera à ma compagnie. — Saint-Germier, le pistolet à la main, s'avance pour charger le Reclot, alors Panat ayant fait signe à ses gens de charger, un nommé La Plane vint par derrière, luy donne un coup de pistolet dans la teste, luy brusle sa tresse et, de ce coup, sans qu'il passât d'outre en outre, l'abat mort à terre. Ceux qui estoient de sa troupe feurent aussy chargés et tous matrassés de coups d'espée; entr'autres Cantaussel fut très mal accommodé (1). Cela fait, Panat se retire à Lombers avec sa troupe. Le corps de St-Germier, porté à sa maison, fut enseveli le sapmedy vingt-sixiesme (2). La guerre que le dit sieur de Panat faisoit, troubloit grandement le pays (3). Pour luy faire poser les armes et le desnicher de la ville de Lombers, le colloque s'assemble pour conférer des moyens et trouver des expédiens pour le faire desmordre et laisser le pays en paix. Enfin, moyennant une somme de deniers qu'on luy bailla, il quitta le dit lieu et se retira chez luy (4).

Le dit sieur de St-Germier mort, comme dist a esté, Samuel de Suc, sieur de Soual, contesta l'estat du Sénéchal au Conseil contre les héritiers (5).

la noblesse, de Bezons, s'y trompent aussi. Notre Jacques était né le 27 février 1591.

(1) Pierre Dumas, seigneur de Cantausel, avait épousé Isabeau de Toulouse-Lautrec, probablement sœur de St-Germier, le 11 février 1590.

(2) Oui, d'après un registre de l'état-civil des protestants de Roquecourbe, conservé au palais de justice de Castres.

(3) La Chambre de l'Edit avait ordonné de « courre sus à ces voleurs », par arrêt du 24 mars.

(4) David de Castelpers-de-Lévis, vicomte de Panat, toucha 15.000 livres, et les Etats d'Albigeois rachetèrent la baronnie de Lombers 6.200 livres (Arch. du Tarn, C. 262 et 870).

(5) Jacques de Toulouse-Lautrec, sgr. de St-Germier, sénéchal de Castres par lett. pat. du 19 déc. 1599, avait résigné cet office, sous le coup de plusieurs condamnations, en faveur de Jean de Perrin, sgr. de Labessière, en 1612 ; cependant, cette charge avait été donnée à M. de Créqui, gendre de Lesdiguières. — St-Germier laissa peu de regrets. Les Etats de Languedoc réclamaient avec instances l'exécution des arrêts de mort prononcés contre lui. Une enquête de 1611 à son sujet nous le dépeint comme un « homme telle-
« ment impérieux et dominant qu'aucun de ses serviteurs n'eût osé, pour la
« vie, refuser de faire ce qu'il commandoit... Il tenoit à sa dévotion le lieu
« de Paulin comme ayant épousé [Marie de Lautrec] la mère du vicomte

1616 — Le dixiesme de Juillet, au dit an, les deux vicomtes de Panat et Paulin, après avoir troublé le pays, feurent tués dans le chasteau de Reyniès avec Marguerite de Castelpers, femme du sieur de Reyniès, son mary, trahis par David Besses de Castres, appelé le Montagnol, et un nommé Goudin. Panat estant, un peu auparavant sa mort, à Milhau, logé chez M. le baron de la Roque, songea une nuit qu'on l'assassinoit ; il se lève en sursaut tellement effrayé qu'à grand peine se peut-il rasseurer ; mais remis par un nommé Théophile, lequel Panat appeloit : mon cœur (1), il luy dit [présent le ministre Joly lequel sur ses transes avoit esté mandé quérir pour le consoler] : « Monsieur, allez, faites ce que » vous voudrez, asseurez-vous que vous serez poygnardé bien » tost ». Cela advint. Un peu après, la Chambre advertie du fait, députe le sieur Bertrand Monneville et de Juges, conseillers, pour en faire la vérification et information ; lesquels, assistés du Procureur général, après avoir fait désenterrer les morts et visiter, dressèrent leurs verbaux, s'en retournèrent faire leur relation à la Chambre. Le viscomte de Panat, sa sœur et un valet, nommé Réalmont, tués, feurent laissés à Reyniès. Paulin fut porté à Montauban et, là, enterré ; en la mort duquel finit l'ancienne race de Rabastens (2).

En cette année dame Izabelle, fameuse sorcière, fut condamnée (3), par la Cour de Parlement de Tholose, à estre banye du ressort d'icelle, par ses enchantements, et ce, sur la déposition de plusieurs témoins, gens de qualité, entr'autres de Claude de Cardailhac, femme de M. de St-Jory.

« de ce chasteau [Marquis de Rabastens]... » — Les frères de Lacger, qui poursuivaient l'*abolition* de ses nombreux meurtres, écrivaient de la Cour, en 1614 : « ... On qualifie M. de St-Germier le plus mauvais serviteur du roi, « le plus ennemi de la paix qu'il est possible... »

(1) Le poëte Théophile Viau que le vicomte de Panat, d'abord, et Montmorency, ensuite, sauvèrent du bûcher où périt alors Vanini.

(2) Le récit de la mort de Marquis de Rabastens, vicomte de Paulin, tué en flagrant délit d'adultère par Pierre de Latour, baron de Reyniès, n'a pas été oublié par Tallemant des Réaux dans ses *Historiettes*, curieuses et scabreuses. (V. *Madame de Réniès, Le baron de Panat*, etc...)

(3) Julienne Auret, veuve Jean Sers, cordonnier à Castres, fut aussi condamnée à mort pour sorcellerie, à peu près à la même époque, le 10 juin 1617 (Arch. de Lacger).

1616   Un peu après, l'église de Ste-Claire, à Tholose, s'enfonça lors de la consécration de deux filles de M. le Président Rességuié à la règle de la d^te dame Isabelle, où assistoit un grand nombre d'hommes et de femmes de qualité pour voir faire la cérémonie, et où plusieurs feurent estouffés. Entr'autres : M. de St Jory, Con^er en la dite Cour, et Madame de Ségla, femme du président. Led^t s^r de St-Jory avoit souhaité mourir dans une églize, ce qui lui advint (1).

En cette même année, y eut un grand désordre à Milhau, fait par quelques habitants estourdis et par un zèle inconsidéré ; auquel, pour remédier, la Cour et Chambre députa deux conseillers, savoir : Messieurs de Bertrand-Monneville et de Juges.

Ensuite autre désordre arrivua à Belesta, en Foix, où le sieur de Ste-Foy, cadet de Mirepoix, poussé par Madame d'Audou, catholique, fist abattre le temple des Réformés du dit lieu, où pour remédier et ouyr parties, la dite Cour députa les dits sieurs de Bertrand et Abel de Suc conseillers.

1617   Les Consuls de cette année feurent : M. Pierre Dumas, docteur ; Pierre Jean, Izac Ribes, et Thobie Galiber.

Les troubles, du Marquis d'Ancre, arrivués en cette année, feurent estouffés par sa mort.

En cette année M. de la Voute, receu lieutenant général en cette province par la Cour de Parlement de Tholose, vint faire son entrée à Castres accompagné de M. et Madame de Ventadour (2).

Au mois de novembre, audit an, arrivua en cette ville le Prince de Sédan, fils de M. le duc de Bouillon, auquel on fist une petite entrée.

---

(1) Jacques du Faur de St-Jory, auquel succéda Arnaud Tiffaud. — Il est question ici de la chapelle des Religieuses de Ste-Claire de St-Cyprien, dont Catel disait, vers 1630 : « Leur église a été agrandie, ensemble la tribune, « depuis dix ou douze ans » (*Mém. du Languedoc,* p. 119). — Guillaume Ségla était président à mortier.

(2) Henri de Lévis, comte de Lavoulte, obtint, à titre de survivance, la charge de lieutenant général du Languedoc que possédait son père, le duc de Ventadour, en l'absence du duc de Montmorency ; lett. pat. du 15 nov. 1616, enregistrées au Parl. de Toulouse en août 1617 (Arch. de la Hte-Garonne, fonds du Parlement, B. 366).

1617 Le quatriesme de novembre, arriva en cette ville M. Pierre de Savoys, ministre, avec sa femme et famille, donné à la poursuite de cette églize par le synode de Milhau pour y estre pour pasteur (1).

Un peu auparavant, il y eut une esmeute à Montpellier. Un voleur, nommé Malordy, du pays de Cevènes, estant appréhendé par la justice de Montpellier, quatre ou cinq cens habitans se mutinent et le vont tirer hors de la prison. La justice se met en debuoir de punir cette insolente procédure. Ces mutins, entendant cela, se vont ramasser à une Eglize appellée Ste-Catherine. Les magistrats se transportent sur le lieu, demandent à ces mutins qu'est-ce qu'ils faisoient là, lesquels, sans aucun respect, respondent y vouloir estre et qu'on ne debuoit point rechercher l'occazion pourquoy. On remarqua parmy cette troupe le chef principal, entr'autres, un nommé Nogalhan, estant un des plus eschauffés à la mutinerie. Lequel, appréhendé, fut mis en prison et condamné à mort. Il se rend appellant à la Chambre, et, arrivé à Castres, fut condamné à estre mis à quartiers. La femme et amis de Nogalhan font tout ce qu'ils peuvent pour solliciter les Messieurs et modérer l'arrest. M. le Prince de Sédan y fut employé, mais en vain. Tellement quil fut exécuté en novembre avec les flambeaux. On appelle cette troupe ramassée à la dite églize, *Cathérinots* (2).

Le neuvième décembre (3), au dit an, mourut à Castres, à la maison de M. le Roy, à dix heures de la nuit, Mtre Jean De Lestang, président en la Chambre lequel, embaumé, fut porté à Tholose.

---

(1) Ce pasteur, très estimé des modérés, appartenait à une famille originaire de Toulouse, réfugiée à Mauvezin. Il était né en 1576 et mourut à Castres, le 21 nov. 1651 (Arch. de Bouffard).

(2) Le récit de cette émeute est tout au long dans l'*Histoire de Montpellier*, par Aigrefeuille, p. 355. On y remarque déjà le sobriquet *escarlambat*, donné aux modérés, dont on se servira si fréquemment pendant les guerres du duc de Rohan.

(3) C'est aussi la date que donne le *Journal de Malenfant* (Chron. de Lang. 1876, p. 39) au sujet de la mort d'Antoine de Lestang auquel succéda Gauhert de Caminade; mais le roi envoya à Castres le vieux Jean de Paulo qui, par le privilège de son âge, avait le pas sur le président huguenot dans la Chambre mi-partie (Lett. pat. du 3 février 1618).

1618 En cette année, feurent consuls : M. Jean Jacques de La Pierre, M. Pierre Martin, procureur en la Chambre ; Jean Barrau, et Jacques Robert.

Le Prince de Sédan, party de Castres sur la fin de l'année passée, instruit par son père, M. le duc de Bouillon, avant s'en retourner, s'en alla visiter toutes les villes de la Religion du haut Languedoc desquelles son père avoit esté général en l'année 1580, scavoir : Réalmont, Lombers, Briateste, Puilaurens, Revel, Sourèze, St-Paul, Damiatte et le valon (de St-Amans), où il fut partout bien veu et receu.

En la mesme année et au mois de novembre, M. le duc de Montmorency qui avoit désiré avoir en sa puissance le fort de Brescou et en tirer le sieur de Bourlet qui avoit esté mis gouverneur par feu son père, M. le Connestable, pour y loger le sieur de Portes, ne l'en pouvant tirer, l'envoya chercher en asseurance à Nostre-Dame Del Grau où il estoit. Bourtet adverty par un de ses amis qu'on le vouloit retenir, favorisé par aucuns, s'en alla embarquer dans une petite nef, et, coulant le long d'un bras de la rivière de l'Hérault, se jeta dans la mer et se retira à Brescou. M. de Montmorency fasché ramasse à l'instant des troupes et l'assiège. Et, faisant venir quatre canons, en place deux sur le Cap d'Agde et autres deux à Rocquelongue, dont il fit tirer environ huit cens coups contre le fort. Mais la traite estoit tellement longue, quil n'y en eut que dix-huit qui portèrent. Enfin, par accord fait par M. de Lavaur, Broutet quitta Brescou moyennant quarante mil écus (1), et, par commandement du Roy, il y fut logé un exempt des gardes, nommé la Roche, pour le garder.

En cette mesme année et au même mois fut bruslé tout vif, à Tholose, par arrest de la Cour, un Italien philosophe, nommé Lucilio, c'estoit un meschant instrument du Diable, lequel, par ses méchantes opinions, avoit infecté et corrompeu la plus part de la jeunesse des maisons les plus relepvées de Tholose, par sa doctrine diabolique (2).

(1) Les Etats de Languedoc votèrent deux cent mille livres pour engager le sieur de Broutet à vider le fort de Brescou (V. aussi *Histoire de Languedoc* XI. p. 931, édition Privat).

(2) Parmi la jeunesse dont parle notre auteur, les biographes signalent les

1618 Au mesme mois de novembre, la rivière d'Hérault desborda tellement, qu'ayant couvert toute la plaine de Pézénas et joint avec le ruisseau de Peyne qui passe auprès, desmolit par son impétuosité toutes les parois des jardins d'alentour, abastit les murailles de l'observance, désenterra les corps morts qui estoient au cimetière joignant, un desquels fut trouvé sur une treille des dits jardins ; ce que plusieurs remarquèrent quelque malheur advenir, et qui arrivua, comme nous verrons.

1619 Les consuls de cette année feurent : M^{tre} Jacques Sévérac, docteur ; Samuel Bonafous, garde-notes ; Jean Batailher et Jean Fournes, marchand.

Au mois de février de cette année 1619 fut exécuté à Tholose un augustin, nommé Jean Bardens, lequel, soubz prétexte de la confession auriculaire, auroit desbauché la femme d'un advocat ; et, pour mieux en jouir, s'accosta d'un conseiller au présidial, qui en estoit aussy amoureux, et d'un clerc, nommé Valdet, tous trois rivaux de cette femme Portugaise, nommée Izabeau de Chastel. Mais le mary leur donnant de l'empêchement, ils prindrent résolution entr'eux de le faire mourir, ce qui fut fait, avec de l'argent qu'ils donnèrent, au soir, se retirant chez soy.

En cet an, et vers le mois d'apvril et may, la France fut troublée par l'occasion de la reyne mère, du chasteau de Blois, retirée à Angoulesme. Le roy craignant quelque remuement dans l'Estat, manda par tout d'armer (1). M. Du Mayne dresse

---

enfants du premier président au Parlement de Toulouse dont Lucilio Vanini aurait été le précepteur, disent-ils. On ne connaît du président Le Masuyer qu'un seul mariage dont le contrat est du 6 sept. 1615. En supposant que son fils aîné, Louis, naquit dès l'année suivante, il avait deux ans à peine au moment de l'arrestation de notre philosophe qui eut lieu le 2 août 1618, non au mois de novembre, comme le dit dom Vaissete. Cet âge réclame plutôt les soins d'une nourrice que ceux d'un précepteur. — Vanini fut exécuté le jour même de sa condamnation, le 9, point le 19, février 1619. Son arrêt de mort est signé par Le Mazuyer (Bibl. de la ville de Toulouse, msc. 697).

(1) Jacques de Lacger, conseiller et secrétaire du roi, écrivait à son frère Pierre, juge de Castres, de Paris, le 19 mars 1619 : « ...Nous ne savons si » nous sommes en paix ou en guerre. On lève des troupes ; l'artillerie du roi » est partie, mais le temps du départ de Sa Majesté est encore incertain. » On attend le retour de M. de Béthune qui est allé vers la reine-mère... » (Arch. de Lacger).

1619 en Guienne des troupes ; Jean-Louis de Cardaillac, sieur de Monbrun, employé par le dit seigneur, luy mène une compagnie de gens de pied ramassée aux environs de Castres, en nombre de cent cinquante soldats et tellement lestes qu'il y avoit en icelle quarante-trois cadets, filz de bonne maison, de la noblesse du pays, lesquels allèrent prendre les armes à Marmande. Et, de là, s'en allèrent trouver le dit sieur Du Mayne pour agir là où besoin seroit.

Le mesme an, fut en ce pays la guerre qu'on appelle de Paulin. Après que le viscomte eut esté tué à Reyniès, comme dit a esté, M. le président de Vignolles, son beau-père, s'estant saizi, pour la dot de sa fille, du chasteau, les cadets de La Prade y préthendant droit du costé de leur mère se saizirent de la maison, au mois de juin, assistés de leurs amis. La nouvelle arrivée à Castres, le dit sieur président y envoya les capitaines Raymond et Verdelhe qui assiègent la place. La Cour et Chambre, pour empêcher un plus grand désordre, y députe deux conseillers my-partis, avec M. l'advocat-général Rozel, lesquels, après avoir conféré avec les assiégés, ne pouvant les faire desmordre, après avoir fait leurs verbaux, prêts à s'en retourner sans rien faire, par l'entremise de quelques gentilhommes du pays, l'accord fut fait et la place rendue au dit sieur des Vignolles.

Cette mesme année, Samuel de Suc, sieur de Soual, assisté de son père, le sieur de Suc, conseiller, après avoir fait une longue poursuite de l'estat de sénéchal contre les héritiers de St-Germier, assisté des sieurs de Laeger, perdist sa cause au Conseil et l'estat fut rendu aux héritiers du dit sieur de St-Germier. Au mois de novembre, fut exécuté à mort et mis à quartier, David de Gabriac, seigneur du dit lieu, constitué prisonnier à la requête du syndic général des Cévènes, icelluy assiégé par M. le duc de Ventadour et les Communes. La Cour y députa pour l'advenir, les sieurs de Nupces et de Jaussaud, conseillers, avec M. l'advocat général Rozel, lesquels, l'ayant conduit à Castres, après avoir esté mené et ouy dans la salle du conseil, fut ramené à la Conciergerie, et le soir du dit jour, fut, par arrest de la dite Cour, mené et exécuté de nuit avec les flambeaux à la place, et trois avec luy feurent pen-

1619 dus (1) ; le bastard du dit Gabriac, Faure, de Revel, et un autre trouvé dans le château.

En ce mois une comette hideuse et espouvantable fut vue au ciel depuis le 13 novembre jusques à la my-décembre qui présajoit les grands malheurs que nous avons veus depuis et que nous ferons voir avec l'ayde de Dieu ; laquelle s'esvanouit peu à peu.

1620 Cette année feurent créés consuls : Jean de Landes, sieur de la Gascarié, M. Pierre Rascas, procureur en la Chambre, Pierre Auque et Jean Bertrand.

En cette année, environ le mois de febvrier, le sieur Du Puget, trésorier de France, fut tué, dans la ville de Tholose, d'un coup de pistolet venant du bal, le jour de Carnabal. Le sieur de Vilaudry, de la dite ville, accusé d'avoir fait le coup est arresté et mené à la Conciergerie, et le meurtre vérifié par témoins sur ce ouys. Et, les confrontements faits, fut condamné à perdre la teste et exécuté suivant l'arrest de la Cour à la place St-Georges.

Au dit an fut tenue une assemblée à Puilaurens où se trouvèrent, entre autres, avec les trois ordres, François de Béthune, comte d'Orval, lequel, après la tenue d'icelle, s'en vint passer à Castres où il ne fist pas grand demeure, pour n'avoir trouvé la Cour et Chambre disposée à ses intentions.

Le roy arrivua, en cette année, à Bordeaux, de là s'achemina en Béarn, en aoust, prend la ville de Navarrens, en chasse La Salle, gouverneur, et y met en sa place le sieur de ..... (2).

Et, après avoir assujetty toutes les villes, s'en retourna à Bordeaux et de là en France. Cest exploit fait par le roy subitement effraya tout l'Estat de ceux de la Religion, lesquels convoquèrent pour y remédier, comme dit est cy dessus, une

---

(1) Au sujet de ce Gabriac, voy. *Hist. de Lang.* XI, p. 931, note de M. Roman, édition Privat. — Est-ce d'un Janin, sgr. de G. ou d'un des Gabriac de Mende qu'il s'agit ?

(2) Louis XIII arriva à Bordeaux le 18 sept. ; il en partit le 10 oct. pour le Béarn et était à Navarrenx le 17 du même mois 1620. Le gouverneur de cette place, Arnaud de Gachissans, sgr. de Salles, avait quatre-vingts ans. On lui donna, en compensation, un brevet de maréchal de camp. Il fut remplacé par Bertrand de Baylens, sgr. de Poyanne (Merc. Fr. et passim).

1620 assemblée à Montauban et une autre à Milhau le 10 novembre. Ces assemblées animèrent les catholiques. M. d'Arpajon prend Aïssaine. La Cour et Chambre, pour l'en tirer, députe deux conseillers : Messieurs de Vésian et de Pélisson, avec la dit général, accompagnés d'un bon nombre de gens de guerre, prins de Castres et des Montagnes, lesquels, arrivués sur le lieu, trouvèrent la place quittée.

Le seitzième décembre 1620 mourut Guillaume de Nautonier, sieur de Castelfranc, ministre et géographe ordinaire du roy, en sa maison et chasteau, aagé de soixante-trois ans. Il laissa deux enfans masles : Gédéon et Philippe. Avant son décès, il voulut voir la consommation du mariage de Gédéon, son ayné, fiancé avec Mlle De Noir de Cambon (1). Plusieurs gens dignes de foy ont attesté luy avoir ouy dire et pronostiquer, durant sa vie, les guerres que nous avons veues, et que, en l'année 1628 et 1629, les églises réformées souffriroient beaucoup de maux, et leur estat perdeu et du tout presque abattu sans espérance de recourse ; mais que, en l'année 1632, elles seroient relepvées et en considération plus grande qu'il n'avoit jamais esté. Ce qui a esté veu par après ainsin que le temps et l'histoire nous apprennent.

(1) Isabeau de Noir de Cambon, laquelle, après la mort de son mari, convola en secondes noces avec Guillaume de Châteauverdun, sgr. de Belvèze, mariage béni à Labessonié, le 7 juillet 1632. — Voyez l'extrait mortuaire de Castelfranc dans les *Mémoires de Gaches*, p. 473, note 2, en rectifiant la coquille : 1720, par 1620.

INDEX

DES NOMS PROPRES

A

Agde, Hérault, 23.
Aigues-Mortes, Gard, 4, 5.
Aissène, Aveyron, 27.
Aix ou Daix (Antoine), 5.
Alais, Gard, 18.
Albert (Guillaume), 8.
Albert (Isaac), 1.
Albi, Tarn, 17.
Ambres (Louis de Voisins, baron d'), 17.
Ancre (Concini, maréchal d'), 21.
Angoulême, Charente, 24.
Aramburе ou Harambure (Jean d'), 4, 5.
Arpajon (Charles d'), 27.
Aubijou (Louis d'Amboise, comte d'), 17.
Audon (Louise de Lévis, dame d'), 21.
Auque (Pierre), 26.
Auret (Julienne), sorcière, 20 note.
Auterive (Louis Cayre, sgr d'), 6.

B

Balaran (Benoit), 1, 15.
Bardens (Jean), 24.
Barjac (Denis de), 2.
Barrau (Jean), 23.
Batailler (Jean), 24.
Beaucaire, Gard, 6.
Belesta, Ariège, 21.
Bertichère (Abdias de Chaumont, sgr de), 4, 5.
Bertier, voy. Montrabe.
Bertrand-Moleville (François), conseiller, 15, 20, 21.
Bertrand (Jean), 5, 26.
Besse (David), 20.
Béziers, Hérault, 5.
Bieule ou Bioule (Antoine de Cardaillac, comte de), 6, 11.
Bissol (Jean), 9, 14 et note.
Blois, Loir-et-Cher, 24.
Boissezon d'Augmontel, Tarn, 5, 6.
Bonafous (Samuel), 24.
Bordeaux, Gironde, 17, 26.
Bosca (N. de), 5.
Bottes (Jacques), 6, 9.
Bouffard-Lagarrigue (Samuel de), 18.
Bouillon (Henri de La Tour d'Auvergne, vicomte de Turenne, duc de), 21, 23.
Brail (Jean de) de Lalagade, 9.
Brassac (Pierre de Sobiran, sgr de), 13 et note.
Brescou (L'ilot de), Hérault, 23 et note.
Briatexte, Tarn, 23.
Brissac (Charles de Cossé, sgr de), 13.
Broutet, 23.
Buissac, près Nimes, 6.

C

Candale (Henri de Nogaret, comte de), 18 et note.
Cantausel (Pierre Dumas, sgr de), 19 et note.
Carcassonne, Aude, 13.
Cardaillac (Claude de), 20.
Castelfranc, Tarn, 27.

CASTELNAUT (Henri-Nompar de Caumont, marquis de), 2.
CASTELPERS-PANAT (Marguerite de), 20.
CATHÉRINOTS, de Montpellier, 22.
CAUMARTIN (Louis Le Fèvre, sgr de), 4.
CENEVIÈRES (N., marquis de), 2.
Cérizolles (bataille de), 3.
Chartreuse (La), de Castres, 9.
CHASTEL (Isabeau de), 24.
CHATILLON (Gaspard II de Coligny, duc de), 5.
CHAUFFEPIÉ (Jean), pasteur, 16.
CONDÉ (Henri II de Bourbon, prince de), 3, 7.

D

Damiate, Tarn, 23.
DARDÈNE (Jean), 18.
DEFOS (Abel), 12.
DENIÉ (?), maître des requêtes, 15.
DEVEILLE (Nicolas), 12.
DEVIC (Germain), 4.
DEYME-CAUJAC (Isaac de Durfort, sgr de), 13 et note.
DON, voy. Fréjeville.
DONNADIEU (Jean), 4.
DUCROS (Jacques), 14.
DU GUAT (Alphonse d'Avalos, marquis), 3.
DUMAS (Pierre), 21.
DU MAYNE, voy. Mayenne.
DU PUGET, trésorier, 26.
DOUMAYRON (Alexandre), 11 et note.

E

ENGHIEN (François de Bourbon, comte d'), 3.
ESPÉRANDIEU (Guillaume), 14, 16, 17 et note.

F

Fauch, Tarn, 17.
FAURE, de Revel, pendu, 26.
FERRIER (Jérémie), 6, 7 et note.
FERRIÈRES (Pierre de Bayard, baron de), 2.

FONTÉS (Le capitaine), tué, 18.
FOURNES (Jean), 24.
FOURNES (Jacques), 11.
FRÉJEVILLE (Josias Don-), 8, 9.
FRANÇOIS 1er, 3.

G

GABRIAC (David de), 25 ; son bâtard, 26.
GALIBER (Thobie), 21.
GARDESY (Jean), pasteur, 2, 3.
GAUBIL (Jean), 4, 5.
GONDIN (Mathieu), 4.
GOUDIN, 20.
GRASSET (Joseph), 18.
Grau (N.-D. du), Hérault, 13, 23.
GRÉMIAN (Antoine Dupleix, sgr de Lecques et de), 4.
Grenoble, Isère, 15.

H

HAUTEFONTAINE (Daniel Durant, sgr de), 18.
HENRI IV, roi de France, 1.

I

ISABELLE, sorcière, 20, 21.

J

JAUSSAUD (Louis de), 25.
JEAN (Pierre), 21.
JOLY (Jacques), pasteur à Millau, 20.
JOUY (Jean), 3, 9 ; sa mort, 14.
JUGE (Paul de), 5, 15, 20, 21.

L

LABAUME ou Labauve (Jacques de), 18 et note.
LACGER (Pierre de), juge de Castres, 3, 5, 15 et note ; ses frères, 25.
LADEVÈZE, voy. Rotolp.
Lafenasse, Tarn, 18.
LAGARRIGUE (Samuel de Bouffard, s. de), 1, 2, 5.

INDEX DES NOMS PROPRES

Lagascarié (Jean de Landes, sgr de), 8, 11, 26.
Lagrange-des-Prés, Hérault, 12.
La Jaulanié (Jacques de Châteauverdun, sgr de), 16.
Lalagade, voy. Brail.
La Marquisié (N. de), 13.
Landes (Samuel de), 11; voy. Lagascarié.
La Nogarède (Jacques de Roset, sgr de), 14.
La Pierre (Jean-Jacques), 23.
La Plane, 19.
La Prade (Gédéon de Loupiac, sgr de), 28.
Laprade (Samuel), 3.
La Roche (L'exempt des gardes), 23.
La Roque (N. baron de), 20.
Larose (Noé), 1, 3, 6.
Las-Touseilles (N. de), 13 et note.
Latrémoille (Henri de), 17.
Lautrec, Tarn, 9.
Lavaur (Claude du Vergier, conseiller au Parlement, évêque de), 23.
Lavesque (Antoine), 8.
La Voulte (Henri de Lévis, comte de), 21 et note.
Le Roy (Jean), lieutenant juridictionnel, 17.
Lespinasse (David de), 8, 12, 13; voy. Lissac.
Lestang (Antoine de), 22 et note.
Linas (Jean de Goudon, sgr de), 17.
Lissac (Jacques de Lespinasse, s. de), 4, 5, 6, 8.
Lombers, Tarn, 17, 19, 23.
Louis XIII, roi de France, 1, 26 et note.
Lucilio, voy. Vanini.
Lusignan (François, baron de), 2.
Lyon, Rhône, 5.

M

Malause (Henri de Bourbon, marquis de), 16.
Malhordy, cévenol, 22.
Marmande, Lot-et-Garonne, 25.
Martin (Pierre), 23.
Marty (Le fils du cap.), 14.
Massabiou, 12.

Mayenne (Henri de Lorraine, duc de), 24, 25.
Mazamet, Tarn, 14.
Millau, Aveyron, 1, 2 et note, 20, 21, 22, 27.
Mirepoix (Alexandre de Lévis, marquis de), 11.
Monbrun (Jean-Louis de Cardaillac, s. de), 25.
Montauban, Tarn-et-Garonne, 14, 15, 20, 27.
Montcal (Germain d'Avessens, sgr de), 13 et note.
Montmorency (François, chevalier de), 14 et note.
Montmorency (Henri, duc de), connétable, 4, 5; sa mort, 12, 13, 23.
Montmorency (Henri, duc de), amiral, 8, 9, 12 et note, 13, 15 note, 17, 23.
Montpellier, Hérault, 5, 7, 22.
Montrabe (Philippe Bertier, sgr de), 3, 7, 8 et note.
Morus (Alexandre), 4, 11 et note.
Monségou (N. de Huc, sgr de), 17.

N

Nautonier (Gédéon de), 27.
Nautonier (Guillaume de), 27 et note.
Nautonier (Philippe de), 27.
Navarrenx, Basses-Pyrénées, 26.
Nègre (Le cap.), 12.
Négrier (François), 10.
Nîmes, Gard, 5, 6, 7, 15, 16.
Nogaillan, de Montpellier, 22.
Noir de Cambon (Isabeau de), 27 et note.
Nupces, conseiller, 25.

O

Orval (François de Béthune, comte d'), 26.
Oulés (Jean), 18.

P

Paleville, Tarn, 13.
Pamiers, Ariège, 2.
Panat (David de Castelpers, vicomte de), 17, 18, 19 et note; sa mort, 20.
Paris, Seine, 7.

Paulin (Marquis de Rabastens, vicomte de), 16, 18 ; sa mort, 20, 25.
Paulo (Jean de), 3, 22 note.
Pelissier (Daniel), 12.
Pélisson (Jean-Jacques), 27.
Peyne (La), rivière débordée, 24.
Peyriac, Aude, 14.
Pézenas, Hérault, 4.
Portal (Arnaud), sa mort, 18.
Portal (Jacques), 13 et note.
Portes (Antoine-Hercule de Budos, marquis de), 23.
Poyanne (Bertrand de Baylens, s. de), 26 note.
Puech (Josué), 1.
Puylaurens, Tarn, 23, 26.

R

Rabastens (Famille de), 20.
Rascas (Pierre), 26.
Rauly (Guillaume), 1.
Rauly (Pierre), 14.
Raymond (Jacob), 8.
Raymond, cap., 25.
Réalmont (N.), 20.
Réalmont, Tarn, 12, 18, 23.
Réclot (Isaac de Vareilles, s. du), 18 et note, 19.
Rességuier (François de), 21.
Revel (Haute-Garonne, 2, 23.
Reyniès (Pierre de La Tour, baron de), 20.
Reyniès, Tarn-et-Garonne, 20.
Ribes (Isaac), 21.
Rieufrech (N. de Fontès, s. de), 17.
Robert (Jacques), 23.
Robert (Jean), 14.
Roquecourbe, Tarn, 7.
Roquelongue, Hérault, 23.
Rozel (François de), avocat général, 25.
Rotolp (Abel de), 14.
Rotolp (Antoine de), 10 et note.
Roux (Philippe), 13.

S

Saint-Amans (Nicolas de Génibrouse, sgr de), 14, 15 note.
Saint-Amans, Tarn, 23.
Sainte-Foy (Etienne de Lévis-Mirepoix, s. de), 21.
Saint-Etienne, de Toulouse, 12.
Saint-Germier (Jacques de Toulouse-Lautrec, sgr de), 13, 18 ; sa mort, 19 et note, 23.
Saint-Jory (Jacques Dufaur, baron de), 20, 21.
Saint-Juéry, Tarn, 18.
Saint-Paul, Tarn, 23.
Saïx, Tarn, 9.
Salles (Arnaud de Gachissans, sgr de), 26 et note.
Sancy (N.), avocat, 2, 3.
Saumur, Maine-et-Loire, 2.
Savois (Pierre), pasteur, 22 et note.
Sedan (Frédéric-Maurice de La Tour d'Auvergne, prince de), 21, 22, 23.
Ségla (Guillaume) et sa femme, 21.
Séguier (Valentin), 14.
Sénebrière, voy. Génebière.
Sénégats (Jean Durand, baron de), 1, 2, 16.
Serres (Jean de), 5, 6.
Sévérac (Jacques), 24.
Sorèze, Tarn, 23.
Soual (Samuel de Suc, s. de), 19, 25.
Suc (Abel), 13, 21, 25.
Sydrac ou Sieurac (Raynaud), 8.

T

Thomas (Antoine de), 7 et note, 10.
Trinquelagues (Zacharie), 18.
Toulouse, Haute-Garonne, 3, 8, 21, 22, 23, 24.

V

Valdet, 24.
Vanini (Lucilio), 23 et note.
Ventadour (Anne de Lévis, duc de), 3, 21 et note ; 25.
Ventadour (Marguerite de Montmorency, dame de), 21.
Verdeille, cap. 25.
Vésian (Charles de), 27.
Viau (Théophile), 20.
Vignolles (Jacques de), 1, 2, 4, 11, 17, 25.
Vilandry (N. s. de), 26.
Villemade (Isaac de Bar, s. de), 2, 3.
Viviers, Tarn, 9.

ERREURS ET OMISSIONS

Page v, ligne 4, au lieu de : ses, lisez ces.
— 2, note 2, ajoutez : Villemade fut érigé en baronnie en 1619.
— 22, note 3, ligne 3, ajoutez, après mais : celui-ci était relativement jeune et...
— 24, note précédente, ligne 2, au lieu de : On connait..., mettez : Or, on connait...

ALBI. — IMPRIMERIE G.-M. NOUGUIÈS

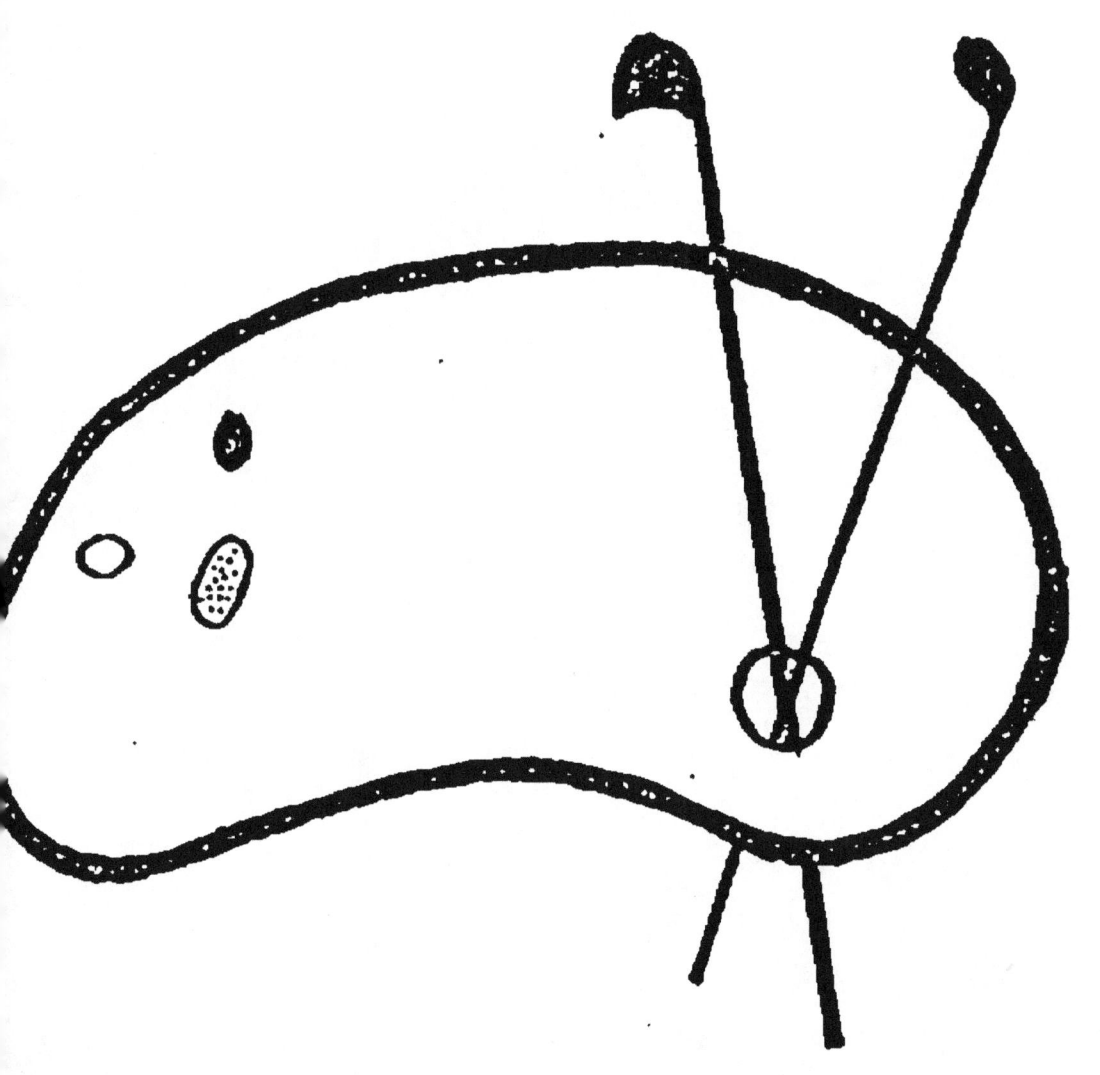

ORIGINAL EN COULEUR
NF Z 43-120-8

www.ingramcontent.com/pod-product-compliance
Lightning Source LLC
Chambersburg PA
CBHW062010070426
42451CB00008BA/549